Les formes et les voyages

Miss Tweedy

Dédié à mes
petits-enfants

ISBN: 978-1-943960-21-7

KoDZo BooKS

Je peux **lire**
et **compter**
les **formes**.

2
rectangles
rouges,

1 cercle jaune,

2 parallélogrammes verts,

3 cercles noirs,

1 triangle
rouge,

1 triangle
vert,

et **2 rectangles** noirs.

Pouvez
formes
faire des
formes?

Mette
2
rectangles
rouges,

avec **2**
parallélogrammes
verts,

et 1
triangle
vert,

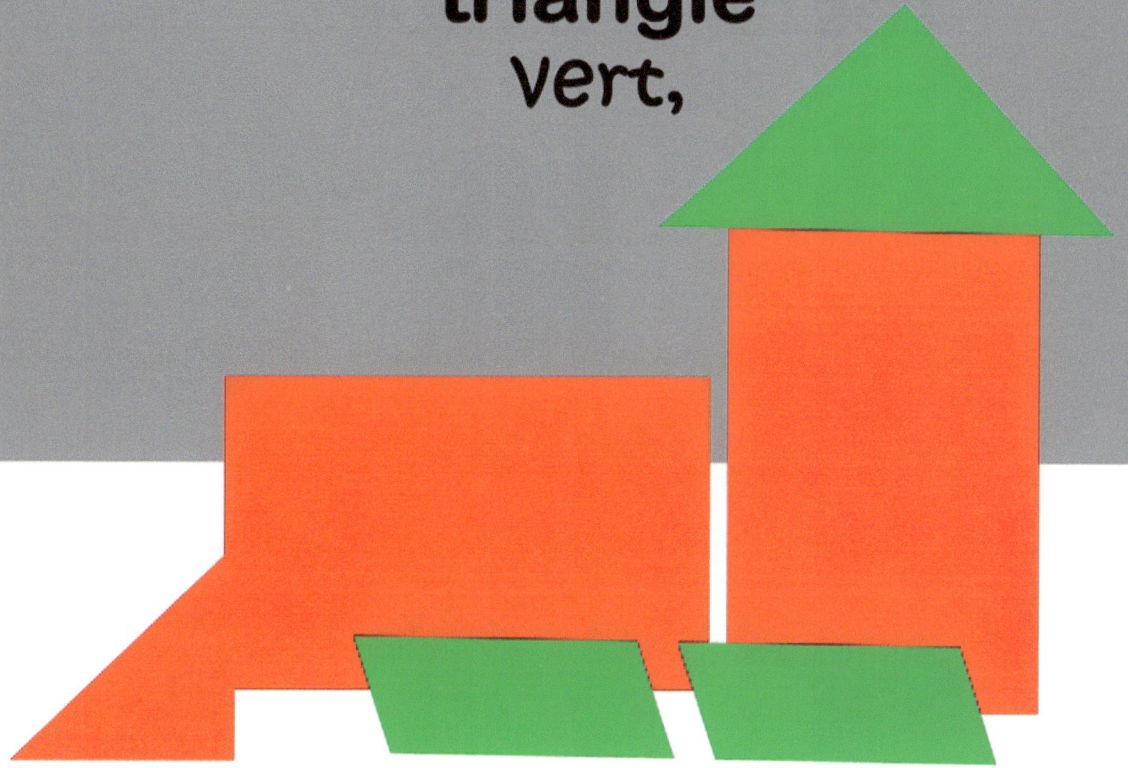

plus 1
triangle
rouge,

avec **2**
rectangles noirs,

plus **1**
cercle
jaune,

et 3
cercles
noirs.

Oui!

Formes faites
un **train.**

Peux les
mêmes **formes**
faire une
nouvelle **forme?**

Mette **1**
cercle
jaune,

avec **2** parallélogrammes verts,

et **1** triangle vert,

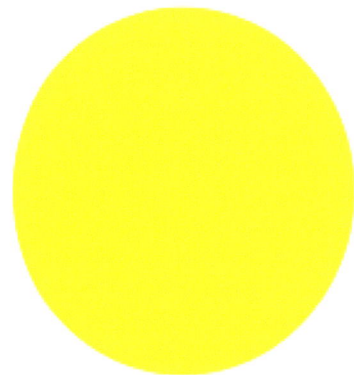

plus **1**
triangle
rouge,

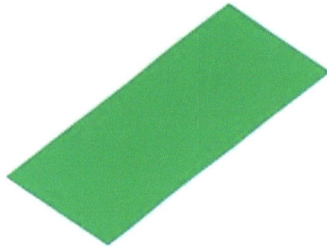

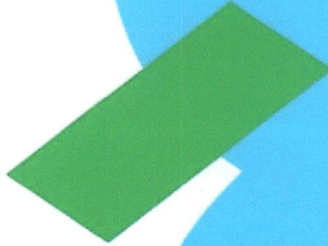

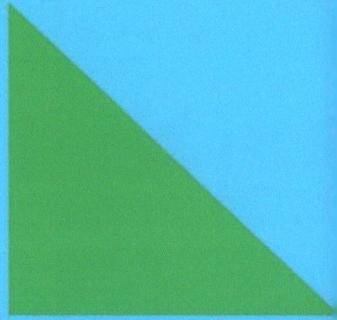

et 2
rectangles
rouges,

avec **3**
cercles
noirs,

et **2**
rectangles
noirs.

Oui!

Oui!

Broum!

Formes
fait un **avion**.

Peux nos **formes** faire une **forme** finale?

Mette
**3 cercles
noirs,**

avec **1**
cercle
jaune,

et **1**
triangle
vert,

plus **1** triangle rouge,

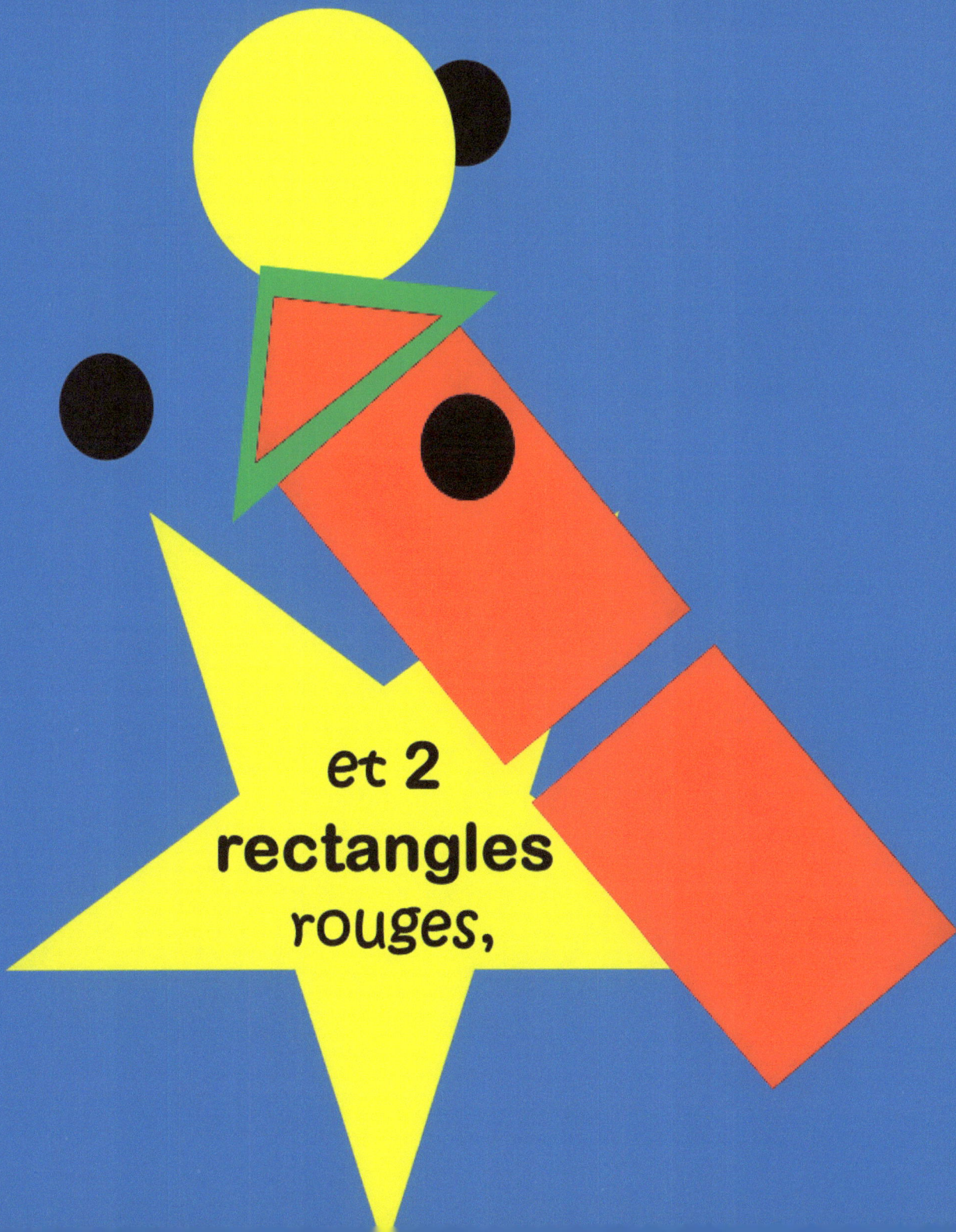

et 2
rectangles
rouges,

avec 2 parallélogrammes verts,

et 2
rectangles
noirs.

Oui!

Oui!

Oui!

Formes fait
une **fusée**.

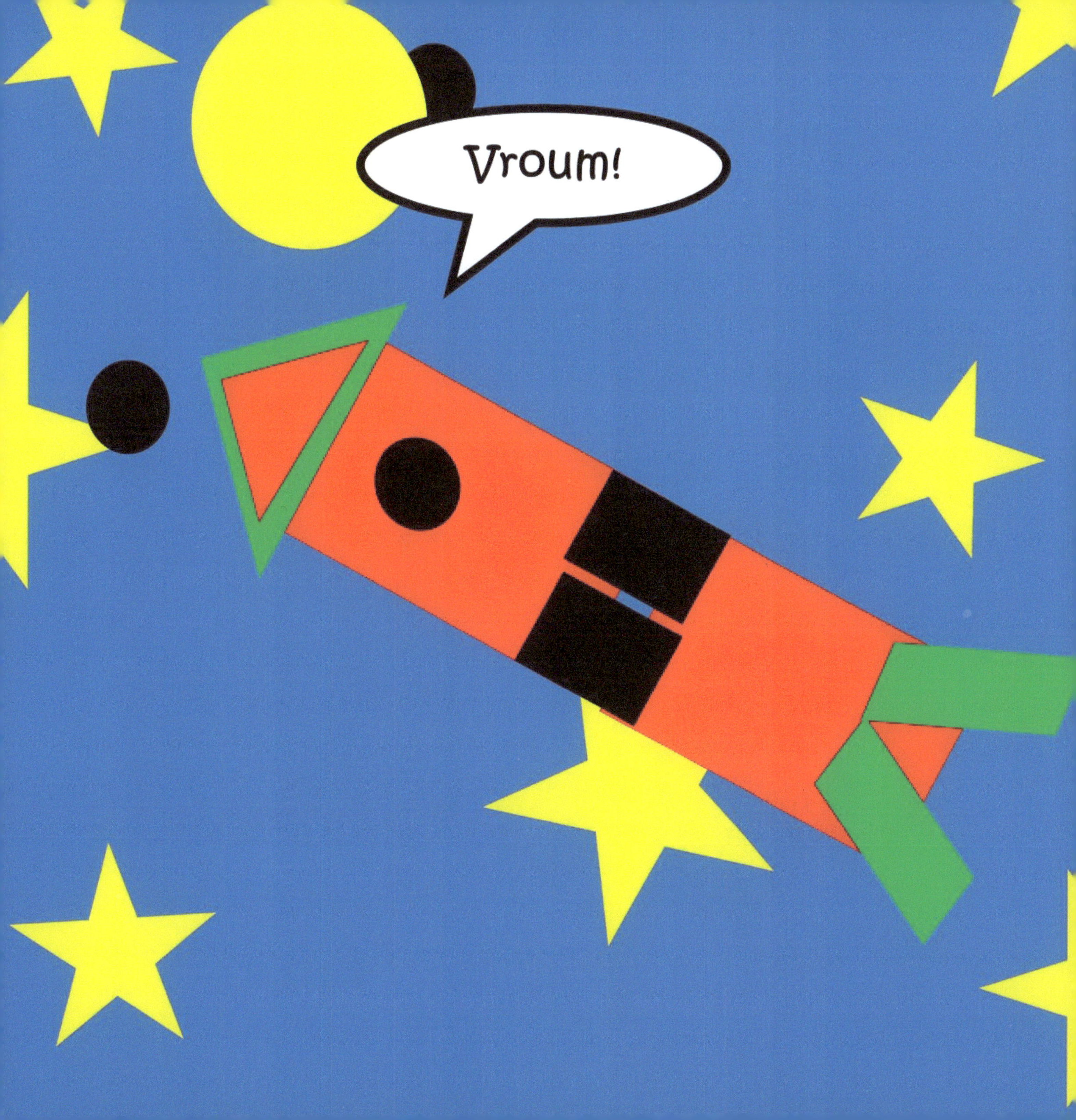
Vroum!

Quelles
formes

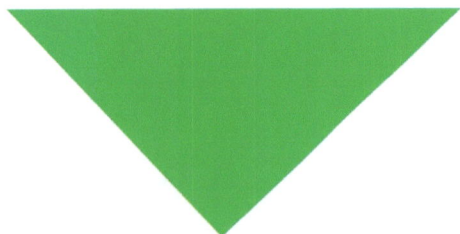

pouvez-vous
faire?

2 rectangles
rouges

3 cercles noirs.

1 cercle jaune

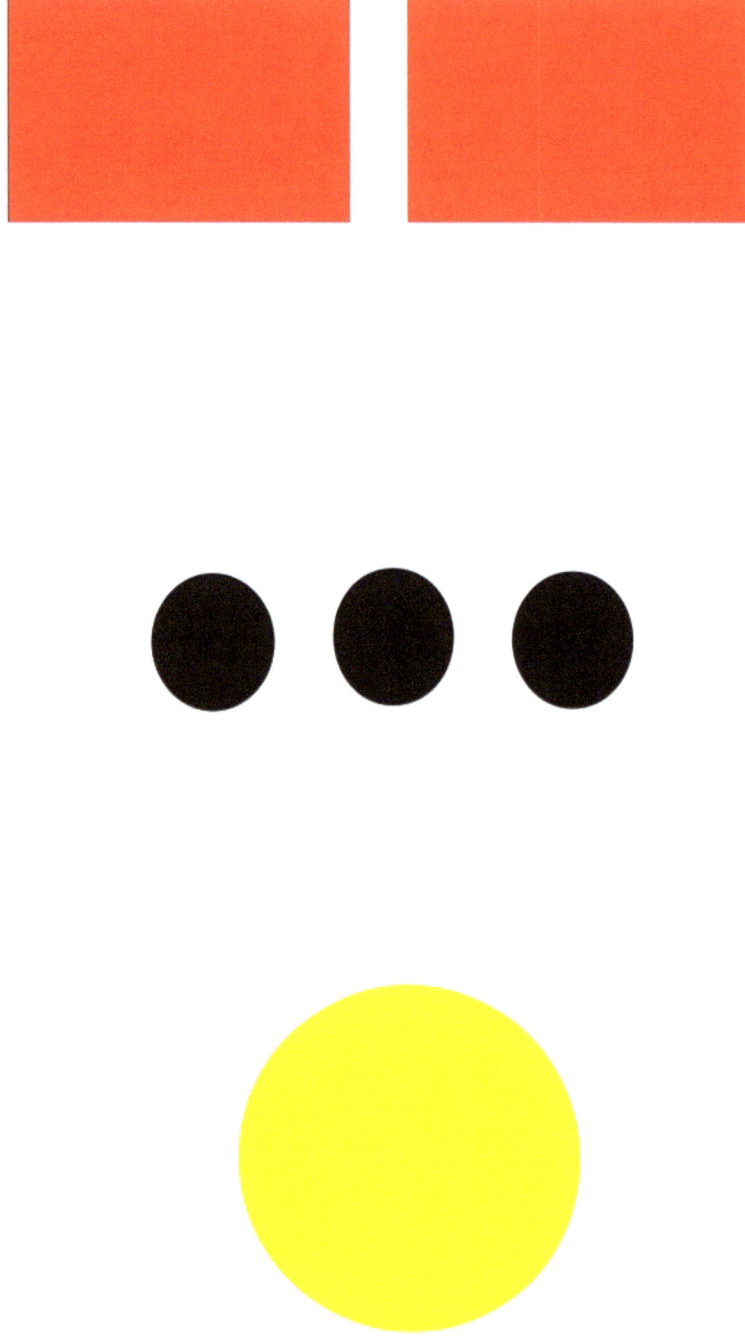

2 parallélogrammes verts

2 rectangles noirs,

1 triangle rouge
1 triangle vert

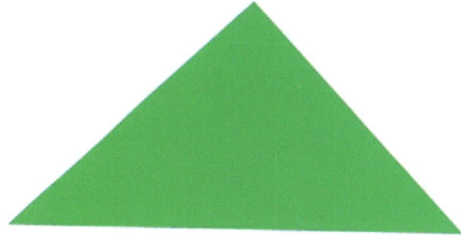

Essayez notre autre série interactive.

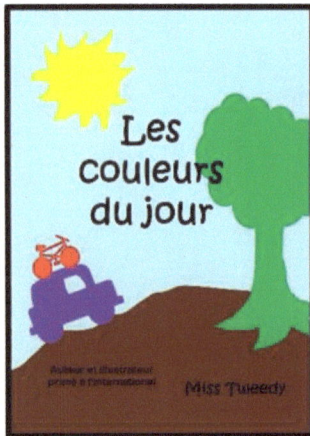

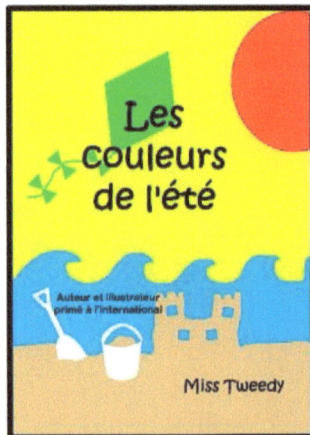

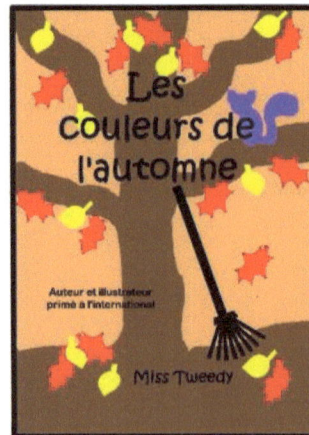

Les couleurs du jour

Auteur et illustrateur primé à l'international

Miss Tweedy

Les couleurs de la nuit

Auteur et illustrateur primé à l'international

Miss Tweedy

Les couleurs du pritemps

Auteur et illustrateur primé à l'international

Miss Tweedy

Les couleurs de l'été

Auteur et illustrateur primé à l'international

Miss Tweedy

Les couleurs de l'automne

Auteur et illustrateur primé à l'international

Miss Tweedy

Les couleurs de l'hiver

Auteur et illustrateur primé à l'international

Miss Tweedy

Disponible dans les **livres électroniques** et les livres de poche dans **anglais, espagnol** et **français.**

La page d'activité PDF de ces livres est également disponible sur www.kodzobooks.com.

Merci beaucoup!

Le plus grand cadeau que vous pouvez offrir à un auteur est un commentaire sincère sur Amazon ou tout autre site dédié aux livres. Cela aide considérablement à mettre dans les mains des lecteurs des livres de qualité.

Si vous souhaitez recevoir des mises à jour par e-mail et des offres spéciales de Kodzo Books, inscrivez-vous à l'adresse suivante:

www.KodzoBooks.com

www.ingramcontent.com/pod-product-compliance
Lightning Source LLC
Chambersburg PA
CBHW042102040426
42448CB00002B/107